AF523958

Joan Schaaf
Marie Frerich
Johannes Hauck
Lea Klein-Reesink
Leonie Zahn

Hörst du die Elefanten brüllen?

Ein Buch für Kinder, deren Eltern sich immer wieder mal streiten

Psychologische Kinderbücher

hogrefe

Inhaltsverzeichnis

Ganz erschrocken wacht die kleine Springmaus heute Morgen auf. Ihre Eltern streiten sich schon wieder so laut, dass sie nicht weghören kann. „Du wolltest doch heute auf die Kleine aufpassen! Ich hatte mich so auf diesen freien Abend gefreut", hört sie Mama-Springmaus rufen. „Ich konnte doch nicht wissen, dass du dich verabredet hast. Ich kann da heute Abend auch nicht mehr absagen", antwortet Papa-Springmaus aufgebracht.

Die kleine Springmaus fühlt sich furchtbar elend und wird ganz traurig, als sie ihre Eltern so streiten hört. „Ich könnte alleine zu Hause bleiben", überlegt sie, „dann könnten meine Eltern beide zu ihren Verabredungen gehen und müssten nicht mehr streiten." Aber eigentlich hat die kleine Springmaus große Angst davor, alleine zu sein. Abends in der Savanne kann es manchmal auch ziemlich gefährlich werden! Sie überlegt sich, ob sie so tun sollte, als sei sie krank. Sie könnte ja Bauchschmerzen haben, dann würden Mama und Papa vielleicht beide zu Hause bleiben. Und sie würden sicher nicht streiten, wenn die kleine Springmaus krank wäre. Vielleicht hätten sie dann alle zusammen einen schönen Abend.

„Ich sage heute Abend nicht schon wieder ab!", ruft Mama-Springmaus. Papa-Springmaus entgegnet: „Einer muss aber bei der Kleinen bleiben, und ich kann es heute Abend nun einmal nicht! Geh du doch an einem anderen Tag los." Die kleine Springmaus wird immer trauriger und ruft: „Hört auf zu streiten!" Doch ihre Eltern hören sie gar nicht …

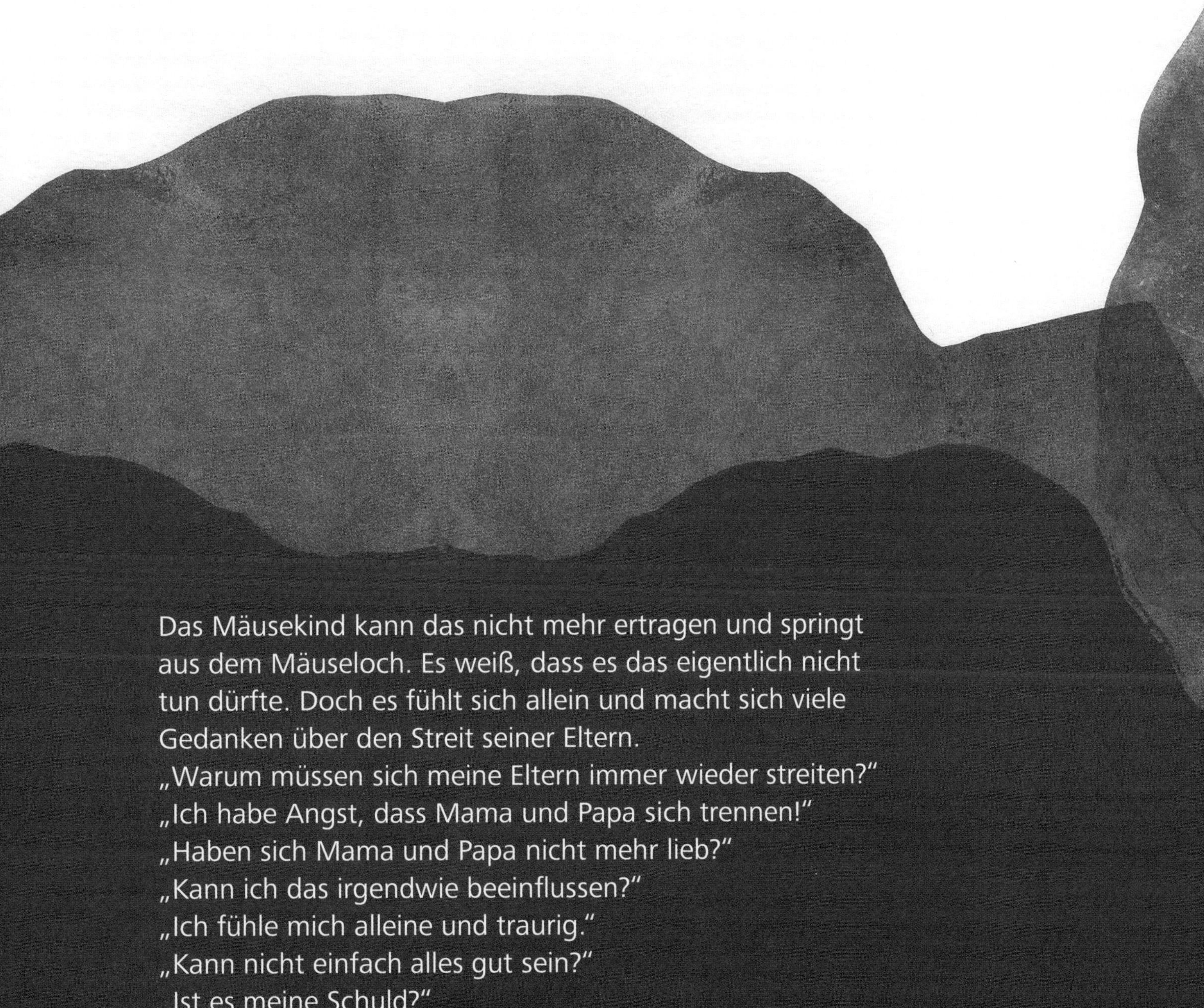

Das Mäusekind kann das nicht mehr ertragen und springt aus dem Mäuseloch. Es weiß, dass es das eigentlich nicht tun dürfte. Doch es fühlt sich allein und macht sich viele Gedanken über den Streit seiner Eltern.
„Warum müssen sich meine Eltern immer wieder streiten?"
„Ich habe Angst, dass Mama und Papa sich trennen!"
„Haben sich Mama und Papa nicht mehr lieb?"
„Kann ich das irgendwie beeinflussen?"
„Ich fühle mich alleine und traurig."
„Kann nicht einfach alles gut sein?"
„Ist es meine Schuld?"

Die kleine Springmaus wird aus ihren Gedanken gerissen, als der weise Adler plötzlich vor ihr auftaucht. „Was machst du denn hier so alleine?", fragt er.

Die kleine Springmaus erzählt vom Streit ihrer Eltern und dass sie ihnen nicht mehr beim Streiten zuhören möchte. Sie sagt: „Andere Eltern habe ich noch nie so streiten hören. Eltern sollen sich doch lieb haben. Ich habe Angst, dass das immer so weitergeht. Oder dass einer der beiden weggehen könnte!" Der Adler lächelt die Springmaus freundlich an und sagt ruhig: „Ach, kleine Maus, aus der Luft kann ich jeden Tag viele verschiedene Tierfamilien beobachten. Glaub mir, dort geht es viel schlimmer zu. Wenn ich deine Eltern so streiten höre, ist das ganz normal. Sieh dir mal andere Familien an. Jetzt zum Beispiel: Hörst du die Elefanten brüllen?"

Gemeinsam machen sie sich auf den Weg zu den Dickhäutern.

Erschrocken weichen sie einem fliegenden Ast aus. Was ist denn hier los?

Die zwei großen Elefanten streiten sich und werfen dabei mit Baumstämmen um sich. Es ist ein Höllenlärm, man hört das Stampfen und Trompeten schon von Weitem. Gemeinheiten und Gegenstände fliegen den Elefanten um die großen Ohren. Es geht grob und wüst zu. Die kleine Springmaus fürchtet sich vor den riesigen Tieren.

Weiter hinten in der Ferne sieht das Springmauskind den kleinen Elefanten mit dem Nilpferd. Auch sie scheinen miteinander zu rangeln. Das Nilpferd sieht dabei gar nicht glücklich aus. Mutig nähert sich die Maus. Normalerweise traut sie sich nicht in die Nähe des Elefantenkindes. Es ist immer so gemein. So laut sie kann ruft die Springmaus: „He, Stopp! Was macht ihr denn da?" Doch als Antwort spritzt der Elefant sie nur an. „Verschwinde, du winzige Maus!" Der Elefant rennt angriffslustig auf sie zu.

Genau in dem Moment schwingt sich der Adler über das Mäusekind und rettet es auf seinen Rücken. Ganz erschrocken und zitternd vor Angst sieht es die Elefanten unter sich kleiner werden. „Ich mag das Elefantenkind nicht", sagt die Springmaus zum Adler. „Es ist immer so gemein. Ich verstehe das einfach nicht."

„Was meinst du denn, wieso sich das Elefantenkind so verhält?", fragt er. Und als die Springmaus keine Antwort weiß, erklärt er: „Ich glaube, der kleine Elefant ist richtig wütend." Die kleine Springmaus ist verwundert: „Aber ich habe ihm doch nichts getan." Auch darauf weiß der kluge Adler eine Antwort: „Nein, das stimmt. Du hast ihm nichts getan. Er ist auch nicht deinetwegen aggressiv. Ich kann mir vorstellen, dass das Elefantenkind eigentlich sehr traurig ist und Angst hat, weil seine Eltern sich streiten. Also eigentlich so wie du. Und weil es sich in der Situation auch hilflos fühlt, wird es ganz wütend. Das lässt es dann an anderen aus. Aber glaub mir, das ist für das Elefantenkind auch nicht schön. Es möchte das eigentlich gar nicht."

Darüber denkt die kleine Springmaus eine Weile nach. Doch als sie nach unten schaut, wird sie aus ihren Gedanken gerissen. Sie sieht drei kleine Punkte am Boden. „Sieh mal, der Strauß da unten steckt seinen Kopf in den Sand. Können wir da mal landen?"

„Hallo? Hallo?", ruft die Maus. Als keine Reaktion kommt, ruft sie noch einmal lauter: „Kannst du mich hören?" Aus der Erde ertönt nur leises, undeutliches Nuscheln und Schluchzen.

Daraufhin gräbt
sich die Maus einen
Weg unter die Erde. Dort
angekommen, sieht sie den
Kopf des Straußenkindes und stellt
erschrocken fest, dass dicke Tränen über sein Gesicht kullern. Die Maus fragt behutsam: „Warum weinst du denn?“ Das Straußenkind antwortet schluchzend: „Ich bin so traurig. Meine Eltern reden nicht mehr miteinander und schauen sich auch kaum noch an. Sie schreien zwar nicht laut, aber ich habe das Gefühl, dass sie sich gar nicht mehr lieb haben.“

„Und warum steckst du dann deinen Kopf in den Sand?", fragt die Maus. Der Strauß antwortet: „Es ist so unheimlich still zu Hause. Abends kann ich nicht einschlafen, weil es so still ist. Wie die Ruhe vor dem Sturm. Meine eigenen Gedanken werden dann laut, und ich habe Angst, dass meine Eltern sich trennen könnten. Ich bekomme Bauchweh. Nichts macht mehr Spaß. Manchmal gehe ich zu Mama ins Bett. Papa schläft sowieso meist woanders." Die kleine Springmaus weiß gar nicht, wie sie dem kleinen Strauß helfen soll, als er weiterschluchzt: „Ich möchte nichts mehr von all dem mitbekommen." Er buddelt sich noch ein Stückchen tiefer unter die Erde, und die Maus hört nur noch ein gedämpftes „Ich möchte, dass alles wieder wie früher ist."

Hilflos und nachdenklich zugleich gräbt sich die kleine Springmaus ihren Weg zurück zum Adler an die Erdoberfläche: „Der arme Strauß, er macht sich solche Sorgen, weil seine Eltern nicht mehr miteinander reden." „Es ist wirklich nicht schön, wenn zu Hause nicht mehr miteinander gesprochen wird", stimmt ihr der Adler nickend zu. „Wenn etwas nicht stimmt, ist es wichtig, dass man darüber spricht. So kann man herausfinden, wo das Problem liegt. Das gilt nicht nur für die Straußeneltern, auch dem Straußenkind kann es helfen. Denn wenn man sich zurückzieht und über eine Sache zu lange grübelt, verschlimmern sich die Gedanken und Ängste. Einfach nicht miteinander zu reden, hilft nicht weiter."

Plötzlich entdeckt die kleine Springmaus eine Banane auf dem Boden. Und ein paar Meter weiter gleich noch eine. „Schau nur, Adler!", ruft sie. „Bananen! Komm, wir folgen der Spur! Mal gucken, wo sie uns hinführt."

Der Adler und die kleine Springmaus entfernen sich von dem im Sand grübelnden Strauß und kommen an Baumgruppen, kahlem Gebüsch und Wasserlöchern vorbei. Immer wieder entdecken sie hier und da eine Banane. Wohin die Spur wohl führt?

Plötzlich sehen sie ein Äffchen vor sich. Mit einem riesigen Berg Bananen beladen kommt es nur wankend und langsam voran. Das Äffchen versucht mühsam, alle Früchte beisammenzuhalten, aber dennoch purzelt von Zeit zu Zeit eine herunter. Die Springmaus und der Adler nähern sich dem kleinen Tier und stellen erschrocken fest, wie erschöpft und müde es aussieht.

Die Springmaus fragt: „Was hast du denn mit den ganzen Bananen vor?" „Die sind für meine Geschwister", antwortet das Äffchen keuchend und wankt zielstrebig weiter.

Verwirrt sieht ihn die Springmaus an: „Also, bei mir zu Hause kümmern sich immer meine Eltern um das Essen." Das Äffchen guckt ein wenig nachdenklich, dann antwortet es: „Früher war das bei uns auch so, aber jetzt sind meine Eltern nur noch mit Streiten beschäftigt."

Mittlerweile sind die drei am Ziel angelangt.

Das kleine Äffchen verlangsamt seine Schritte und lässt die Bananen auf den Boden plumpsen. Von nah und fern erklingt das Gekreische von Affen, die oben in den großen Bäumen herumtollen.
Das Bananenäffchen ruft laut in die Runde: „Essen ist da!“, und im Handumdrehen springen acht kleine Affenkinder herbei. Sie schnappen sich gierig die Früchte, schlingen sie herunter und gehen sofort wieder ihrer Tollerei nach.

Neugierig beobachten die Springmaus und der Adler das Treiben und bemerken bestürzt den Zustand der Affen: Ausgemergelt und dünn, zerzaust und mit klebrigem Fell kommen die Kleinen daher. „Ich weiß, die hätten allesamt mal wieder ein ordentliches Bad nötig, aber ich kann mich eben nicht um alles gleichzeitig kümmern", antwortet das Äffchen müde.

Da ertönen aus dem Hintergrund plötzlich laute Stimmen. „Was bist du für ein Nichtsnutz!" – „Kümmere du dich um deinen eigenen Kram, verstanden? Stopfst dir den ganzen Tag nur den Bauch mit Früchten voll und scherst dich um nichts." – „Und du, wann machst du mal etwas Vernünftiges? Aber natürlich, du machst den ganzen Tag so viel Wichtigeres! Haha!"

Diese wüsten Beschimpfungen gehen noch eine Weile hin und her. Die Springmaus und der Adler sehen in einiger Ferne einen älteren Affen, der rülpsend und bewegungslos neben einem Berg vergorener Früchte liegt. Sein Streitpartner lümmelt derweil in den Ästen und sonnt sich genüsslich. „Tja, das sind meine Eltern, deren einzige Tagesbeschäftigung nur noch Streitereien sind", erklärt das Bananenäffchen seufzend.

„Und da ich das älteste Kind in der Familie bin, fühle ich mich eben verantwortlich für die Kleinen. Ich habe es mir auch nicht so gewünscht, aber irgendwer muss sich ja kümmern. Und nun entschuldigt mich. Ich muss noch aufräumen." Und schon trottet das Äffchen mit gesenktem Haupt davon. Die kleine Springmaus und der Adler schauen dem Äffchen betroffen hinterher. „Jetzt verstehe ich auch, warum das Äffchen nie zum Spielen ans Wasserloch kommt", murmelt die kleine Springmaus nachdenklich. „Es hat ja den ganzen Tag lang viel zu viel zu tun und muss sich um alles kümmern. Das ist unfair. Es tut mir richtig leid."
„Da hast du vollkommen recht. Es ist nicht richtig, wenn Kinder die Aufgaben der Eltern übernehmen müssen und dabei überhaupt keine Zeit mehr zum Spielen haben", sagt der weise Adler. Dann ziehen die beiden weiter.

„Hier müssen wir entlang", hört die Maus ein Zebra sagen.

„Ich war schon mal da und bin mir sicher, dass der Weg am großen Baum vorbeiführt", widerspricht das dünne Zebra. Darauf antwortet das dicke genervt: „Einen Baum gibts da nicht. Hör mal gut zu: Ich gehe hier entlang. Du kannst machen, was du willst. Meinst du etwa, es macht mir etwas aus, wenn du dich verläufst, weil du mal wieder recht behalten musst?" Das Zebrakind schaut verwirrt zwischen seinen Eltern hin und her. Das dünne Zebra sagt zu ihm: „Sag doch auch mal was. Du bist doch auch meiner Meinung, oder?" Verdutzt stottert das Zebrakind: „Ich bin mir nicht sicher." Die beiden großen Zebras schauen erwartungsvoll auf ihr Kind. Verzweiflung macht sich in dem Kleinen breit.

„Überleg dir gut, auf welche Seite du dich stellst!“ Das Zebrakind wird immer nervöser und schluchzt: „Führen denn nicht beide Wege zum Ziel?“ „Meiner ist aber viel kürzer“, entgegnet das dünne Zebra und schaut dabei überlegen drein. „Ja, dann nehmen wir doch den“, sagt das kleine Zebra erleichtert.

Doch das dicke Zebra schnaubt: „Meiner führt dafür weniger durch den Dreck. Ich habe die Nase gestrichen voll. Ich gehe jetzt hier entlang." Und es lässt die anderen beiden allein zurück. Das Zebrakind schaut verängstigt vom dünnen zum dicken Zebra und möchte nur noch weinen. Es möchte es doch gerne beiden recht machen.

Die Springmaus dreht sich zum Adler um: „Das arme Zebra! Wie soll es sich denn da entscheiden? Das hätte ich auch nicht gekonnt. Einer wäre immer traurig gewesen." Sie ist dankbar, dass ihre Eltern sie noch nie in eine solche Situation gebracht haben. Der Adler gibt der kleinen Springmaus recht: „Das Kind sollte auch nicht in die Streitigkeiten der Eltern verwickelt werden und sich zwischen den beiden entscheiden müssen."
Da kitzelt es der Springmaus an den Zehen. Sie schaut an sich herunter und bemerkt eine Gruppe Ameisen, die sich einen Weg über ihren Fuß bahnt. Neugierig folgen sie der Ameisenstraße.

Auf den ersten Blick scheint alles ein großes Gewimmel zu sein. Bei genauerem Hinsehen aber können die beiden ein Straßensystem erkennen: Fein säuberlich aufgereiht bewegen sich die Ameisen schwer bepackt mit Blättern, Stöcken und Steinchen. Plötzlich stockt es an einer Stelle. Den Grund dafür entdecken die Springmaus und der Adler sofort:

Zwei Ameisen haben haltgemacht und diskutieren heftig miteinander. Direkt dahinter krabbelt eine kleine Ameise, bleibt stehen und verdreht genervt die Augen. „Was ist denn hier los?“, fragt die Springmaus neugierig die kleine Ameise. „Meine Eltern streiten gerade darüber, wie sie den großen Stock da vorn am besten nach Hause tragen. Die schwarze Ameise ist mein Papa und will ihn lieber alleine tragen. Die rote Ameise, meine Mama, möchte ihm gerne helfen, weil sie glaubt, dass er das alleine nicht schafft und er sich noch dazu seinen Rücken kaputt macht. Aber keine Sorge, es passiert ab und zu mal, dass sie sich uneinig sind. Die werden wie immer eine Lösung finden.“

„Pass doch auf, jetzt wäre der Stock fast schon wieder runtergefallen. Lass es uns noch mal anders probieren!", ertönt es gereizt aus dem Hintergrund. Die rote Ameise springt der schwarzen unterstützend zur Seite und fängt das Holzstück gerade noch so auf. „Bis jetzt hab ich den Stock doch auch ohne Weiteres allein getragen. Und überhaupt: Was ist denn los mit dir? Warum reagierst du denn so gereizt?", fragt die schwarze Ameise. Die rote Ameise entgegnet seufzend: „Ich bin einfach nur kaputt von dem langen Tag und will schnell nach Hause." Die schwarze Ameise entgegnet geduldig: „Du brauchst eine kurze Erholung. Lass uns eine Pause machen."

Die beiden halten etwas abseits der geschäftigen Straße an, und der Verkehr nimmt wieder Fahrt auf. Die Springmaus und der Adler schauen sich erstaunt an und warten ab, was passiert.

Nach einer kurzen Rast fragt die schwarze Ameise lächelnd: „Wie geht es dir jetzt?" „Du hattest recht, ich war wirklich sehr erschöpft. Die Pause war genau das Richtige. Ich wollte meine schlechte Laune nicht an dir auslassen. Tut mir leid …" Und mit neuen Kräften und gegenseitiger Unterstützung setzt die Ameisenfamilie ihre Reise fort.

Die Springmaus strahlt den Adler glücklich an:
„Toll! Das haben die aber gut gelöst. Das ist heute das erste Mal, dass ein Streit gut ausgeht." Der Adler nickt wissend: „Was meinst du, woran das liegt? Was war denn hier anders als bei den anderen Familien?"

Die Springmaus überlegt eine Weile und sagt dann: „Na ja, sie haben eine Pause gemacht." Der Adler antwortet: „Genau! Und zwar nicht nur eine Rast vom langen Weg, sondern auch eine Streitpause. Die kann manchmal helfen, um zu erkennen, was man selbst und was der andere wirklich braucht."

„Dann kann man in Ruhe darüber nachdenken, was wirklich hinter dem Streit steckt, um anschließend darüber zu reden. Die rote Ameise war eigentlich nur sehr erschöpft und deshalb gereizt. Sie musste sich einen Moment lang ausruhen."
„Stimmt! Und sie haben sich nicht einfach böse Dinge an den Kopf geworfen. Die schwarze Ameise war wirklich interessiert, warum die rote plötzlich so aufgebracht war. Ich bin froh, dass sie sich wieder vertragen haben und jetzt gemeinsam weiterziehen."

Da wird die kleine Springmaus plötzlich sehr traurig. Sie merkt, wie lange sie schon unterwegs ist und wie sehr sie ihre Familie vermisst.

„Adler, ich glaube, ich würde jetzt gerne zurück nach Hause gehen." „Na komm, spring auf. Ich bring dich zu deiner Familie", erwidert der Adler.

Behutsam setzt der weise Adler die kleine Springmaus am Mäuseloch ab. Aufgeregt und erleichtert zugleich laufen die Eltern auf die kleine Maus zu und schließen sie ganz fest in ihre Arme: „Wo hast du denn gesteckt? Wir haben uns solche Sorgen um dich gemacht!"
„Ich konnte nicht zuhören, wie ihr euch streitet. Ich dachte, dass sich das Problem, wer auf mich aufpasst, löst, wenn ich einfach weggehe. Ich hatte so Angst, dass ihr euch nicht mehr vertragt", antwortet das Mäusekind kleinlaut.

Ihr Vater entgegnet: „Aber wie kommst du denn darauf? Manchmal ist es in Ordnung zu streiten. Das bedeutet nicht, dass Mama und ich uns nicht mehr lieb haben." Mama-Springmaus nickt zustimmend und fügt hinzu: „Streitigkeiten gehören zum Leben dazu. Es ist wichtig, dass jeder seine Gefühle mitteilen kann und sagen darf, was er denkt. Danach verträgt man sich wieder." „Das weiß ich jetzt auch", sagt die kleine Springmaus. Sie kuschelt sich ganz fest an ihre Eltern und erzählt von ihrem aufregenden Tag.

Mach mit!

Übungen für dich

Die Mach-mit-Seiten sind auch als Download verfügbar:
www.hogrefe.ch/downloads/elefanten-mitmachen

Lieber/Liebe_________________________,

ein Streit der Eltern oder allgemein ein Streit ist eigentlich etwas ganz Normales. Immerhin passiert das ja jedem mal. Häufig sind Streitereien ziemlich harmlos, so wie in der Springmausfamilie. Sie sind unangenehm, aber schaden niemandem.

Es gibt aber auch besondere Streitereien oder Konflikte, die meistens nicht so harmlos sind, sondern auch etwas kaputt machen können:

Offen-aggressive Kommunikation der Eltern

- Drohungen, Beschimpfungen
- Körperliche Gewalt
- Verallgemeinernde Kritik
- Verächtliche-provokative Kommunikation

Reaktion des Kindes:

- Traurigkeit, Unverständnis
- Offen-aggressives Verhalten
- Nach außen gerichtete Emotionen:
  - Aggression
  - Hyperaktivität
  - Impulsivität

Das Elefantenkind schaut sich viel von seinem Verhalten von seinen Eltern ab.

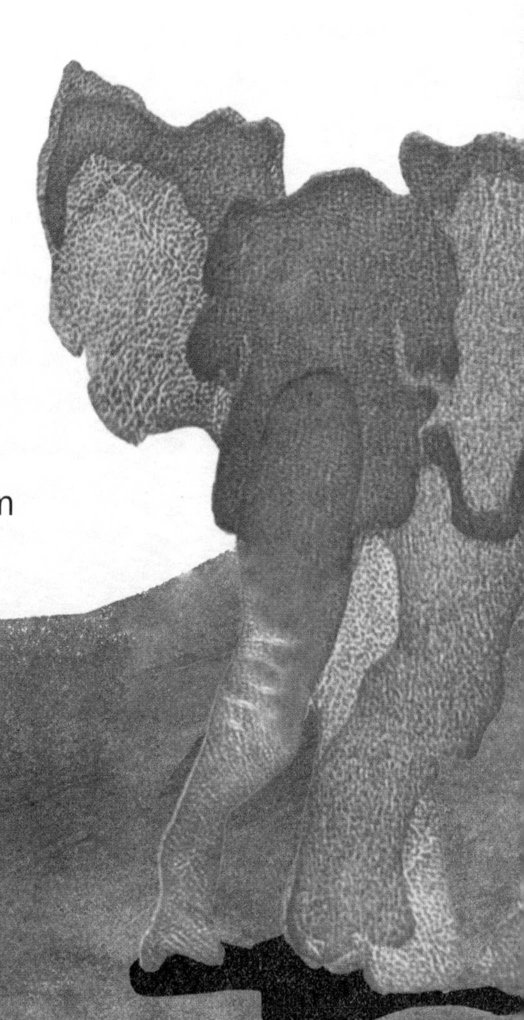

Die Eltern machen sich gegenseitig schlecht

- Kind wird in den Streit einbezogen
- Verächtliche Kommunikation

Reaktion des Kindes:

- Verwirrung, Angst, Schuldgefühle
- Macht Lösungsvorschläge
- Weiß nicht/ist hin- und hergerissen, zu wem es halten soll
- Vermittelt zwischen Elternteilen, greift in den Streit ein und versucht zu helfen

Passiv-abweisender Konflikt zwischen den Eltern

- Vermeidung von Streiten oder Reden
- Verteidigung, Feindseligkeit, Rückzug

Reaktion des Kindes:

- Rückzug; mag nichts mehr unternehmen
- Wenig Freude und Lachen
- Richtet seine Emotionen nach innen
- Ängste, Sorgen
- Traurigkeit
- Schuldgefühle
- Grübeln

Verächtliche Kommunikation zwischen der Eltern

- Beleidigungen, Beschimpfungen
- Provokativ
- Sich über den anderen lustig machen
- Abgabe von Verantwortung

Reaktionen des Kindes:

- Übernimmt Rollen und Aufgaben der Eltern
- Übernimmt Verantwortung für Geschwister
- Hat keinen Spaß mehr mit anderen Kindern

Bedürfnisorientierter Konflikt zwischen den Eltern

- Erkennen, was der oder die andere wirklich braucht
- Streitpause einlegen
- Miteinander reden
- Zusammenarbeit
- Finden einer guten Lösung
- Mitfühlen mit dem Partner oder der Partnerin

Reaktion des Kindes:

- Fühlt sich immer noch sicher
- Weiß, dass Streit wichtig ist
- Weiß, dass sich Eltern wieder vertragen
- Lernt daraus

Gefühlslandschaft

Wenn die Tierkinder ihre Eltern so streiten sehen, fühlt sich das für die meisten gar nicht gut an. So unterschiedlich, wie die Tiere der Savanne sind, so unterschiedlich sind auch die Gefühle, die man bei Streitereien haben kann. Bestimmt kennst du das auch von dir:
Vielleicht bist du manchmal so wütend, dass du brüllen willst wie ein Löwe. Oder so traurig, dass dir große Krokodilstränen über dein Gesicht rollen. Und manchmal ist auch einfach ein Gefühl da und du kannst gar nicht sagen, wie du es nennen sollst. Dabei soll dir diese Gefühlslandschaft helfen:

Als sich die Eltern der Springmaus darüber streiten, wer heute Abend auf sie aufpasst, stellt sie sich vor, dass ihre Eltern sich bestimmt wieder vertragen, wenn sie weggeht. Sie hat das Gefühl, dass sie der Grund für den Streit ist. Dieses Gefühl nennt man Schuldgefühl. Auch das kleine Zebra fühlt sich schuldig, als es sich für einen seiner Elternteile entscheiden soll. Es denkt, dass, egal wem der beiden es zustimmt, der andere traurig und enttäuscht von ihm sein wird. Auch, wenn es in einem Streit um dich geht oder einer deiner Elternteile traurig ist, ist eine wichtige Regel:
DU bist nicht Schuld an einem Streit deiner Eltern.
Die Ursache liegt ganz bei den beiden.
Du bist richtig und wichtig, so, wie du bist!

Wenn du dich selbst streitest oder anderen dabei zuhörst, verändern sich deine Gefühle. In deinem Kopf schwirren wahrscheinlich Gedanken oder du kannst gar nicht mehr klar denken, und dann machst du vielleicht ganz unterschiedliche Dinge. Manche Kinder weinen, andere werden wütend und knallen Türen. Hier kannst du dich beobachten und in dich hineinfühlen. Je besser wir uns selbst verstehen, desto leichter können wir auch etwas ändern. Guck mal, wie das bei den Tieren aus der Geschichte ist:

Das Zebra wird traurig.
Der Elefant wird wütend und bekommt einen ganz roten Kopf.
Das Straußenkind hat Bauchweh.
Das Mäusekind denkt: „Ich habe Angst, dass meine Eltern sich nicht mehr lieb haben. Ist das meine Schuld?"

Was passiert mit deinem Körper?
Gibt es einen Ort in deinem Körper, an dem du das Gefühl besonders spürst?

Welche Gedanken kommen dir in den Kopf,
wenn du einen Streit miterlebst?

Wie fühlst du dich, wenn du einen Streit deiner Eltern mitbekommst?

Was machst du, wenn deine Eltern sich streiten?

Verkriechst du dich, so wie das Straußenkind?
Glaubst du, dass du dich zwischen deinen Eltern entscheiden musst, so wie das Zebrakind?

Hier hast du Platz zum Malen oder Schreiben:

Warum Streiten auch wichtig ist

Erinnerst du dich noch an die Ameisen? Am Anfang waren beide unzufrieden und schlecht gelaunt. Dann gab es einen kleinen Streit und danach ging es beiden wieder besser. Wie haben sie das gemacht?

Eine Auseinandersetzung, in der zwei Personen unterschiedlicher Meinung sind, hilft dabei, sich auszutauschen, andere Sichtweisen kennenzulernen und sich neue Gedanken zu machen. Wird sachlich gestritten, hilft der Meinungsaustausch bei der Lösungsfindung oder dabei, einen Kompromiss zu schaffen, mit dem beide zufrieden sind.

Streiten gehört zum Alltag. An manchen Tagen haben auch deine Eltern mit neuen Herausforderungen und Problemen zu kämpfen. Manchmal gibt es auch Probleme in der Beziehung zwischen deinen Eltern. Werden diese Probleme ignoriert und nicht offen angesprochen, können sie auch nicht geändert und gelöst werden – das ist auf Dauer ungesund und macht auch deine Eltern unzufrieden.

Wenn man sich bei einer Meinungsverschiedenheit einigt und freiwillig eine Lösung findet, nennt man das einen *Kompromiss*. Dabei geben beide Seiten etwas nach. Wenn der kleine Elefant noch eine Stunde am Wasserloch spielen möchte, seine Eltern aber meinen, er solle nach einer halben Stunde schon aufhören und sie sich auf 45 Minuten einigen, dann haben sie einen Kompromiss geschlossen.

WICHTIG:

Wer sich ungerecht behandelt fühlt oder mit etwas unzufrieden ist, sollte das auch sagen dürfen!

GANZ WICHTIG:

Man sollte miteinander reden und die Meinung des anderen anhören!

UND NOCH WICHTIGER:

Nach dem Streit kommt die Versöhnung!

STREITREGELN

Vom weisen Adler haben wir gelernt, dass es völlig normal ist, sich manchmal zu streiten, so wie die Eltern der kleinen Springmaus. Bestimmt kennst du es auch, dass du gelegentlich nicht derselben Meinung bist wie deine Geschwister, Freunde, Freundinnen oder Eltern. Dann kann es schnell passieren, dass man sich Dinge an den Kopf wirft, die man im Nachhinein vielleicht bereut. Damit Streitigkeiten fair ablaufen, gibt es deshalb einige Regeln, die du beachten solltest:

1. **Ich lasse die anderen ausreden.**
2. **Ich höre *aufmerksam* zu, was mein Gegenüber zu sagen hat.**
3. **Ich frage nach, wenn ich etwas nicht verstehe.**
4. **Ich *beschimpfe oder beleidige niemanden*.**
5. **Ich rede über die aktuelle Situation und das aktuelle Verhalten und vermeide Wörter wie *immer* und *nie*.**
6. **Ich tue keinem weh.**
7. **Wenn andere mich angreifen, die größer oder stärker sind als ich, hole ich mir *Hilfe* von Erwachsenen.**
8. **Bevor ich gemein werde, hole ich erst einmal ganz tief Luft, um mich wieder zu *beruhigen*. Wenn nötig, mache ich eine *Streitpause*, um darüber *nachzudenken*, was mir wichtig ist.**
9. **Wenn ich etwas getan habe, das die andere Person verletzt, *entschuldige* ich mich.**

Im Folgenden sind einige Verhaltensweisen der Tiere aufgelistet, die die kleine Springmaus beobachtet hat. Überleg dir, welche Streitregeln jeweils nicht beachtet wurden.

Wie könnten sich die einzelnen Tiere besser verhalten? Welche Regeln müssen sie beachten?

Gemeinheiten und Gegenstände fliegen den Elefanten um die Ohren.
Lösung: Regel ________

„Verschwinde, du winzige Maus!" Der Elefant rennt angriffslustig auf sie zu.
Lösung: Regel ________

„Meine Eltern reden nicht mehr miteinander und schauen sich kaum noch an."
Lösung: Regel ________

„Was bist du für ein Nichtsnutz!"
Lösung: Regel ________

„Stopfst Dir den ganzen Tag den Bauch mit Früchten voll und scherst dich um nichts."
Lösung: Regel ________

„Meinst du etwa, es macht mir etwas aus, wenn du dich verläufst, weil du mal wieder recht behalten musst?"
Lösung: Regel ________

WELCHE STREITREGELN HABEN DIE AMEISEN AUF IHREM WEG BEACHTET? FINDE DAZU BEISPIELE IN DER GESCHICHTE:

Die Savannenphilosophie

Hier sind noch einmal die wichtigsten Punkte im Umgang mit streitenden Eltern für dich zusammengefasst:

Der Streit deiner Eltern ist NICHT dein Streit!
Du musst dich nicht auf eine Seite stellen.
Die Verantwortung für den Streit tragen deine Eltern.

Der Streit deiner Eltern ist nicht deine Schuld!

Sprich mit jemandem über deine Gedanken und Gefühle. Wenn du nicht mit deinen Eltern reden kannst, suche dir eine andere Person, der du vertraust.

Streit kann auch wichtig sein!

Wenn jemand gewalttätig wird und du in Gefahr bist:
Bring dich in Sicherheit und hol dir Hilfe!

Gefühlsuhr

Manchmal ist es ziemlich schwierig, jemandem zu sagen, wie man sich fühlt. Dabei kann eine Gefühlsuhr helfen, auf der verschiedene Gefühle dargestellt sind, auf die mit einem oder mehreren Zeigern gezeigt werden kann.

Du kannst dir selbst eine Gefühlsuhr mit deinen eigenen Gefühlsbildern basteln oder einfach diese hier kopieren, abmalen oder mit Transparentpapier abpausen und zum Beispiel auf eine Pappe aufkleben. Dafür brauchst du nur drei einfache Zutaten: eine Schere, Klebstoff und eine Musterbeutelklammer.

Was bei einer Uhr natürlich ganz wichtig ist und nicht fehlen darf, ist ein Zeiger. Auf der übernächsten Seite sind zwei verschiedene Zeiger zum Kopieren abgebildet. Du kannst aber auch einen oder zwei eigene basteln.

Dann stichst du jeweils ein Loch unten in die Zeiger und noch eins in die Mitte der Gefühlsuhr. Die Zeiger befestigst du dann mit einer Musterbeutelklammer an der Uhr, sodass der Kopf auf den Zeigern aufliegt und die Enden auf der Rückseite der Uhr aufgeklappt werden.

Dann kannst du die Uhr zum Beispiel an deine Zimmertür hängen oder mit in die Schule nehmen und deine Gefühle anzeigen, indem du die Zeiger auf die passenden Tiere stellst.

Das ist die Uhr
zum Kopieren.

Und das sind die Zeiger zum Kopieren.

Jedes der Tiere auf der Uhr steht für ein anderes Gefühl:

Die Maus ist glücklich.

Das Affenkind ist müde und niedergeschlagen.

Das Elefantenkind ist wütend.

Das Straußenkind ängstlich.

Das Krokodil ist traurig.

Das Zebrakind ist verwirrt und unsicher.

Du kannst die Gefühle auch zu den Tieren auf die Uhr schreiben, damit auch jeder, der das Buch nicht gelesen hat, gleich weiß, wie es dir geht.

Hilfe und Kontakte

Für alle, die mehr wissen wollen – Informationen für Eltern und Geschwister

Liebe Eltern, Geschwister, Verwandte und Interessierte

Dass Streitigkeiten zwischen Paaren *alltäglich* und *wichtig* zur Klärung von Meinungsverschiedenheiten und dem Ausdruck von Emotionen sind, wissen Kinder oftmals nicht. Für sie stellt elterlicher Streit eine *Bedrohung* für die Familie dar und kann zu folgenden Gedanken führen:

„Haben sich Mama und Papa nicht mehr lieb?"

–

„Kann nicht einfach alles wieder gut werden?"

–

„Ist das meine Schuld?"

–

„Was soll ich nur tun?"

Aber nicht nur die Gedanken der Kinder sind durch Paarkonflikte betroffen. Reaktionen auf Streit können auf *vier Ebenen* gezeigt werden:

1. *emotional:* z. B. Angst, dass Eltern sich trennen, Wut, Hoffnungslosigkeit
2. *physiologisch:* z. B. Müdigkeit, Erschöpfung, Hyperaktivität, erhöhte Herzrate
3. *kognitiv:* z. B. Gedanken, Sorgen, Aufmerksamkeitsprobleme
4. *verhaltensbezogen:* z. B. sozialer Rückzug, Aggressivität, in den Konflikt einmischen

Diese Reaktionen folgen Paarkonflikten *unabhängig von Alter und Geschlecht*. Destruktive Konflikte sind in vielen Fällen *schädigend* für das Kind. Und das nicht selten: 40 bis 70 % der Kinder, die destruktiven Konflikten zwischen ihren Eltern ausgesetzt sind, zeigen Verhaltensprobleme. Hierbei spielt natürlich eine Rolle, auf *welche Art* und *wo* diese Paarkonflikte stattfinden, denn es gibt *destruktive und konstruktive* Paarkonflikte. Das heißt, dass Konflikte für Kinder nicht per se schädlich sind; sie können von einer konstruktiven Konfliktaustragung sogar *profitieren*.

Was sind Merkmale destruktiver Paarkonflikte?

- häufig und lang andauernd (bis hin zu Chronifizierung)
- negativer Inhalt (Drohungen, unproduktive Kritik, kindbezogene Themen)
- hohe Intensität der Negativität (bis hin zu Gewalt)
- keine Versöhnung nach Konflikten
- keine Kompromissbereitschaft
- keine Lösung bei Konflikten
- geringe gegenseitige Unterstützung
- dysfunktionale Kommunikation

Merke:
Chronisch destruktive Elternkonflikte erhöhen bei Kindern *langfristig* das *Risiko* für psychische Störungen, körperliche Krankheiten, Selbstwertprobleme, Schlafstörungen, soziale Anpassungsschwierigkeiten und Schulleistungsabfall.

Kinder gewöhnen sich nicht an chronische Elternkonflikte, sondern reagieren bei jedem neuen Konflikt stärker negativ.

Was bedeutet das konkret?
Was sollen Sie in der konkreten Situation vermeiden?

Besonders problematische Kommunikationsfelder sind:

- verallgemeinernde Kritik (z. B. generalisierende Ansagen, Persönlichkeitszuschreibungen)
- defensive Kommunikation (z. B. uneinsichtige Verteidigung, Verantwortungszurückweisung)
- Rückzug von der Kommunikation (z. B. „Mauern", Vermeidung)
- verächtliche Kommunikation (z. B. Abwertung, Gemeinheiten)
- provokative Kommunikation (z. B. Schwächen ausnutzen)
- passiv-aggressives Verhalten; keine direkte verbale Negativität, sondern indirekt geäußerte Negativität (z. B. Sabotagen, Witze über den Partner oder die Partnerin)

Merke:
Offene sowie verdeckte Konflikte *schaden* dem Kind. Es gibt verschiedene Gründe für negative Auswirkungen von destruktiven Paarkonflikten auf Kinder, wie *mangelnde emotionale Sicherheit*, *negative Gefühle* oder *physiologische Erregung*. Häufig geraten Kinder auch in einen *Loyalitätskonflikt*, erleben *Kontrollverlust* oder internalisierende und/oder externalisierende Symptome.

internalisierend: nach innen gerichtet:
z. B. Ängste, Grübeln,
Depressionen, Schuldgefühle

externalisierend: nach außen gerichtet:
z. B. Aggressivität,
Hyperaktivität, Impulsivität

Aber wie und wo streiten Sie nun am besten?

Diese Frage beantworten ein paar wichtige Streitregeln:

1. Streitereien sollen *konkret*, auf eine spezifische Situation bezogen sein.
2. Kritik soll *nicht* auf die Person oder Persönlichkeit des Partners bezogen werden.
3. Ein *normaler Tonfall* bzw. eine *normale Laustärke* ist ganz wichtig. Vermeiden Sie abwertende, zynische, sarkastische Tonfälle.
4. Mimik und Gestik sind wichtig für einen *respektvollen Umgang*. Seien Sie positiv, verdrehen Sie nicht die Augen.
5. *Geben Sie sich gegenseitig Raum*. Hören Sie aufmerksam und aktiv zu, nehmen Sie Argumente und Blickkontakt auf und folgen Sie dem Gespräch aufmerksam.
6. Übernehmen Sie *Verantwortung*.
7. Gestehen Sie sich auch mal Schuld ein.
8. Ein Streit muss immer auf *Augenhöhe* geführt werden. Unterwerfen Sie sich nicht und stellen sich genauso wenig über das Gegenüber. Vermeiden Sie Provokationen, Abwertung, Bloßstellungen und das Ausnutzen der Schwächen des Gegenübers.
9. Indirekte Negativität ist niemals zielführend. Vermeiden Sie Sabotagen und Witze über Ihren Partner oder Ihre Partnerin.
10. Streben Sie eine *Problemlösung* an.
11. Konflikte sollen unbedingt fernab von gemeinsamen Aktivitäten mit dem Kind geführt werden.
12. Ein Kind darf *nicht* in den Streit einbezogen werden, auch, wenn es um kindbezogene Themen geht.
13. Wenden Sie sich nach einem Streit Ihrem Kind zu, um es bei schwierigen Gefühlen zu unterstützen (wenn es z. B. traurig ist).
14. Regulieren Sie Ihre eigenen Gefühle und legen Sie diese bei Interaktionen mit dem Kind beiseite.
15. Wenn der Streit konstruktiv geführt ist, können Kinder von einer positiven Herbeiführung einer Lösung profitieren.

Merke:

Wenn elterliche Konflikte während gemeinsamer Aktivitäten mit dem Kind, z. B. beim Abendessen, ausgetragen werden, besteht die Gefahr einer *Konditionierung.* Das heißt, das Kind hat mit dem Abendessen in Zukunft negative Assoziationen (negative Gefühle, Gedanken etc.). Auch können Kinder generell negative Assoziationen mit Konflikten herstellen, was zu Angst vor sowie Vermeidung und Ablehnung von Konflikten in der Zukunft führt.

Merke auch:

Kindbezogene Themen, wie z. B. Erziehung und Schule, sind das häufigste Konfliktthema von Elternpaaren (Papp et al., 2009). Dies ist *besonders bedrohlich* für Kinder, weil sie *persönlich betroffen* sind und dadurch die Gefahr für *Schuldgefühle* des Kindes erhöht ist.

Neben der Vermeidung von destruktiven Paarkonflikten ist es auch wichtig, mit dem Kind über Konflikte zu reden. Schließlich bekommen Kinder es oftmals mit, wenn sich die Eltern streiten. Zudem werden auch Sie mit Ihrem Kind Konflikte erleben oder Ihr Kind wird Konflikte mit anderen Personen austragen müssen.

Was sollen Sie vermitteln?

- Konflikte sind *normal* und *alltäglich*.
- Konflikte sind *wichtig*, um Meinungsverschiedenheiten zu klären und negative Gefühle auszudrücken.
- Streit bedeutet nicht gleich, dass Eltern sich nicht mehr lieb haben.
- Es gibt die Unterscheidung in *konstruktive* (gut ausgetragene) und *destruktive* (schlecht ausgetragene) Konflikte.
- Konflikte sollten *immer lösungsorientiert* sein.
- Es gibt gewisse *Streitregeln*, die beachtet werden sollten.
- Kinder tragen keine Schuld an Konflikten (auch, wenn sie oft thematischer Bestandteil sind).
- Kinder müssen beim elterlichen Streit weder intervenieren noch Partei ergreifen (das führt oft zu Loyalitätskonflikten).
- Kinder sollen Probleme nicht in sich „hineinfressen".
- Kinder können sich *Hilfe* holen, wenn sie nicht weiterwissen.
- Kinder sollen über den Ausgang eines elterlichen konstruktiven Streits aufgeklärt werden, damit sie nicht unter Ungewissheit leiden.
- Bei chronisch-destruktiven Konflikten kann eine Trennung der Eltern sinnvoll sein. Dann muss den betroffenen Kindern in altersgerechter Sprache erklärt werden, wie es weitergehen soll, z. B. mit dem Buch *Zwei Zimmer für Cleo* (Weißflog et al., 2019; erschienen bei Hogrefe).

Wie beeinflussen sich Partnerschaftskonflikte und problematisches Verhalten des Kindes gegenseitig?

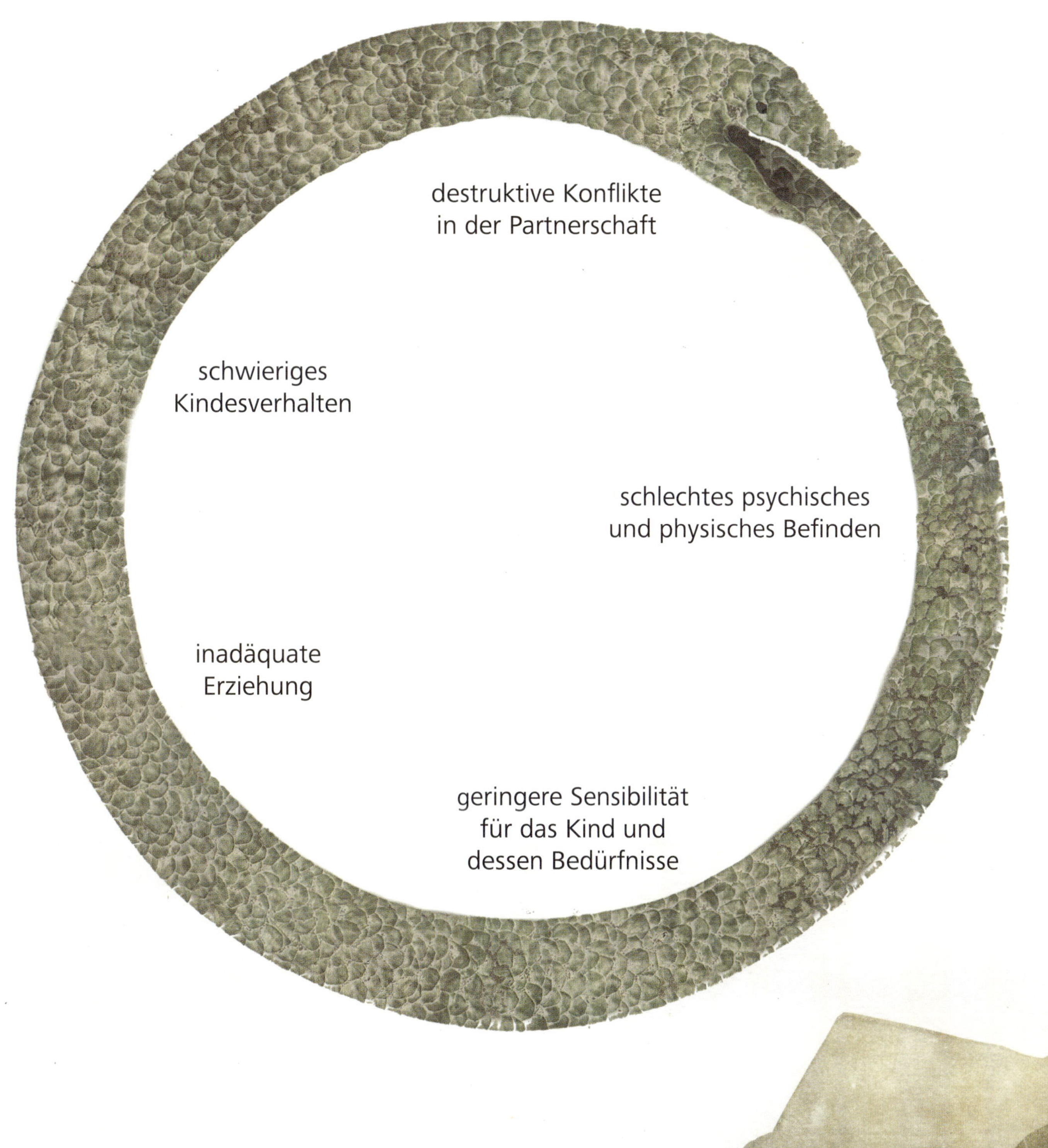

Adressen und Kontakte

Deutschland

Bundeskonferenz für Erziehungsberatung e. V.: www.bke.de
Übersicht über ambulante Angebote für Kinder und Jugendliche:
www.psychenet.de/de/hilfe-finden/hilfesystem-im-ueberblick/ambulante-angebote-kj.html

Weitere Beratungsstellen

Caritas: www.caritas.de/hilfeundberatung/onlineberatung/kinderjugendelternfamilie

Diakonie: hilfe.diakonie.de

Schulpsychologischer Dienst: www.schulpsychologie.de/wws/265546.php

Nummer gegen Kummer: www.nummergegenkummer.de
Kinder- und Jugendtelefon: 116 111
Elterntelefon: 0800 111 0 550

Psychotherapeutensuche im Internet

Bundesweit: www.bptk.de/service/therapeutensuche.html

Bundesländer:

Berlin, Bremen, Hamburg, Niedersachsen, Schleswig-Holstein, Saarland:
www.psych-info.de
Brandenburg, Mecklenburg-Vorpommern, Sachsen, Sachsen-Anhalt, Thüringen:
www.opk-info.de/patienten/kassenaerztliche-vereinigungen
Baden-Württemberg:
www.lpk-bw.de/archiv/psd_suche.php
Bayern:
www.ptk-bayern.de/ptk/web.nsf/id/pa_psychotherapeuten-suche.html
Hessen:
www.lppkjp.de/fur-patienten-und-ratsuchende/psychotherapeutensuche
Nordrhein-Westfalen:
www.ptk-nrw.de/de/patienten/nrw-wbrpsychotherapeutensuche.html
Rheinland-Pfalz:
www.lpk-rlp.de/psychotherapeutensuche

PSYCHOTHERAPEUTISCHE AMBULANZEN FÜR KINDER UND JUGENDLICHE
an Universitäten oder in kinder- und jugendpsychiatrischen Kliniken, Kinder- und Jugendlichenpsychotherapeuten:

Berlin: www.ivb-berlin.de/cms/index.php/fuer-patienten/ambulanz-fuer-kinder-und-jugendliche
Tel.: 030/897-379948
E-Mail: ambulanz@ivb-berlin.de

Bochum: www.kli.psy.ruhr-uni-bochum.de/fbz/kiju-zpt/index.html
Tel.: 0234/32-28178
E-Mail: ambulanz-kjp@rub.de

Braunschweig: www.tu-braunschweig.de/psychologie/psychotherapieambulanz/kinder
Tel.: 0531/391-2865
E-Mail: jukipsy@tu-bs.de

Dresden: www.kjp-dresden.de/de/content/ambulanz-incl-spezialambulanzen
Tel.: 0351/458-3576

Frankfurt am Main: www.psychologie.uni-frankfurt.de/49970100/70_vt_ambulanz_kinder
Tel.: 069/798-23986
E-Mail: sekretariat-kiju@zpf-gu.de

Freiburg: www.fakip.de
Tel.: 0761/203-9251
E-Mail: ambulanz-sekretariat@fakip.de

Heidelberg: www.psychologie.uni-heidelberg.de/zpp/kontakt.html
Tel.: 06221/54-7908
E-Mail: zpp@zpp.uni-hd.de

Landau: www.ambulanz-kiju.uni-landau.de
Tel.: 06341/28-035800
E-Mail: Ambulanz-KiJu@uni-landau.de

Marburg: www.uni-marburg.de/de/fb04/therapie-und-beratung/kj-pam
Tel.: 06421/28-25096
E-Mail: kiju04@staff.uni-marburg.de

Osnabrück: www.psychotherapie.uni-osnabrueck.de/psychotherapieambulanzen/home.html
Tel.: 0541/969-4856 oder -4753
E-Mail: sekretariat.poliklinik@uni-osnabrueck.de

Potsdam: www.api.uni-potsdam.de/index.php/ambulanzstartseite
Tel.: 0331/647212-0

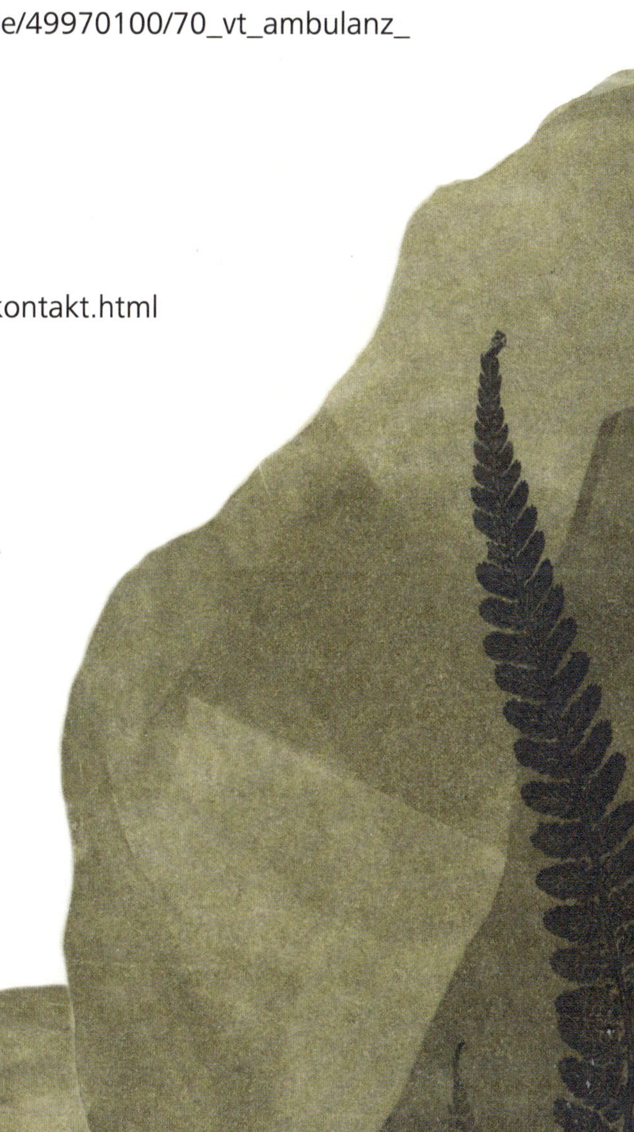

Schweiz

Psychotherapeutensuche im Internet:
www.psychotherapie.ch
www.psychologie.ch/members
www.sgvt-sstcc.ch/therapeutensuche

Beratungsstellen

Die dargebotene Hand: www.143.ch

Familienberatung: www.projuventute.ch/Elternberatung.2585.0.html

Notrufnummer für Kinder und Jugendliche: www.147.ch
Tel.: 147
E-Mail: 147@projuventute.ch

Zürich:

Psychotherapeutisches Zentrum der Universität Zürich, Beratung und Therapie für Kinder, Jugendliche und Familien:
www.psychologie.uzh.ch/de/bereiche/hea/kjpsych/pz/kjfpsych.html

Österreich

Psychotherapeutensuche im Internet: www.psyonline.at

Beratungsstellen

Bundesweit: www.beratungsstellen.at

Familienberatung: www.familienberatung.gv.at

Kindernotruf: www.verein-lichtblick.at/kindernotruf-3
Tel.: 0800/567567
E-Mail: kindernotruf@kindernotruf.at

Für weitere Informationen wenden Sie sich bitte an Ihren Kinderarzt, Erziehungsberatungsstellen in Ihrer Nähe, Psychologen oder Psychotherapeuten.

Nachwort der Herausgeber*innen der Reihe *Psychologische Kinderbücher*

Die *Psychologischen Kinderbücher* sind das Ergebnis einer glücklichen Kooperation des Fachbereichs Psychologie mit dem Institut für Bildende Kunst, Fachbereich Germanistik und Kunstwissenschaften an der Philipps-Universität Marburg (PUM), in der ein passendes interdisziplinäres Veranstaltungsformat für illustrierte psychologische Kinderbücher entwickelt wurde.
Die ersten Ideen für das Pilotprojekt zur Reihe entstanden bereits 2015 unter Leitung von Prof. Tillmann Damrau und Dipl.-Des. Sabine Funk (beide heute Technische Universität Dortmund) für das Institut für Bildende Kunst der PUM. Beiden danken wir herzlich für ihre Pionierarbeit und die initiale Betreuung der ersten Bücher, die im Sommer 2017 in ein Pilotprojekt mündeten. Die Studierenden der Bildenden Kunst hatten Entwürfe zu Kinderbüchern erstellt, die verschiedene psychologische Themen behandeln. Diese Entwürfe wurden von den Studierenden der Psychologie auf der Textebene bearbeitet, sodass psychoedukative Bilderbücher zu psychischen Störungen im Kindes- und Jugendalter entstanden sind, welche den neusten Wissensstand zu den jeweiligen Störungen repräsentieren. So entstanden die ersten Bücher dieser Reihe: *Opas Stern* erzählt den Verlust einer nahestehenden Person; der *Zappel-Zirkus Zacharias* beschreibt ADHS; *Die kleine Eule Luna* hat Trennungsangst zum Inhalt; *Paul und der rote Luftballon* und *In Gedanken ein Fuchs* thematisieren soziale Ängste.
Die PUM würdigte dieses Projekt im November 2017 mit einem Preis für besonders innovative Lehre. Dieser Preis sowie die Unterstützung durch den Hogrefe Verlag ermöglichen es, renommierte Illustratorinnen und Illustratoren zu dem Projekt hinzuzuziehen. So wird seit dem Sommer 2018 das von Prof. Klaus Lomnitzer geleitete Institut für Bildende Kunst bei der Arbeit an dem Projekt von der Frankfurter Künstlerin Leonore Poth auf hohem Niveau unterstützt. Seit Beginn der Arbeit an den vier neuen Büchern im Sommer 2018 gibt es eine klare Aufgabenverteilung, sodass sich die Studierenden der Bildenden Kunst ausschließlich auf die Illustration der Geschichten und die Gestaltung der Bücher konzentrieren konnten und die Studierenden der Psychologie auf die Inhalte, betreut durch Prof. Dr. Hanna Christiansen und unterstützt durch ein Herausgeberteam aus Experten der Klinischen Kinder- und Jugendpsychologie: Prof. Dr. Christina Schwenck (Universität Gießen), Prof. Dr. Tina In-Albon (Universität Koblenz-Landau) und Prof. Dr. Guy Bodenmann (Universität Zürich).

Mit den aktuellen Neuerscheinungen aus 2019 liegen nun insgesamt neun psychologische Kinderbücher zu verschiedenen Themen vor. Neben den genannten Themen behandeln die neuen Bücher elterliche Paarkonflikte und deren Auswirkungen auf die Kinder *(Hörst du die Elefanten brüllen?)*; Trennung und Scheidung von Eltern *(Zwei Zimmer für Cleo)*; elterliche Arbeitslosigkeit *(Alles anders bei Familie Biber)* sowie elterliche psychische Erkrankungen aus der Perspektive der betroffenen Kinder und ihrer Freunde *(Dunkle Farben im Wunderwald)*.
Wir freuen uns besonders, dass aus dem universitären Seminaralltag und dem akademischen „Elfenbeinturm" eine so gelungene Buchreihe für kleine Leser*innen und hilfreiche Publikationen für Therapeut*innen und Eltern hervorgehen und wünschen dieser Reihe viele begeisterte Leser- und Nutzer*innen.
Die Reaktionen auf die ersten fünf Bücher waren überwältigend positiv, worüber wir uns sehr gefreut haben. Wir sind uns sicher, dass wir mit den neu hinzukommenden Büchern an diesen Erfolg anknüpfen können und aufgrund der nun vorliegenden Rückmeldungen von Leser*innen und Fachleuten aus der Praxis die Qualität der Bücher weiter steigern können.

Prof. Dr. Hanna Christiansen und Prof. Klaus Lomnitzer (Marburg), Prof. Dr. Tina In-Albon (Landau), Prof. Dr. Christina Schwenck (Giessen), Prof. Dr. Guy Bodenmann (Zürich)

Im August 2019

Aus künstlerischer Sicht

Es ist ein recht ungewöhnliches, nicht alltägliches Unterfangen, Studierende unterschiedlicher Fakultäten für ein derartig gutes und hilfreiches interdisziplinäres Projekt zusammenzuführen.
Noch ungewöhnlicher ist es, sie etwas Fachfremdes tun zu lassen, beispielsweise Psychologiestudierende Kinderbücher schreiben zu lassen; Bücher für Kinder, die sich mit psychologischen Problemen konfrontiert sehen, oder mit Schwierigkeiten, die die Eltern haben, oder Herausforderungen, die das Kind selbst in seiner Umgebung zu meistern hat.

Zu diesen Psychologiestudierenden kommen nun Studierende des Instituts für Bildende Kunst hinzu, die die Texte und Arbeitsblätter bebildern und so erst zu einem richtigen Kinderbuch machen. Und dann gibt es mit dem Hogrefe Verlag einen Fachverlag, der die Bücher, die in dieser Kooperation entstehen, erfolgreich als Reihe verlegt.
Waren bei den ersten Büchern die Aufgaben noch nicht klar verteilt, können sich die Studierenden am Institut für Bildende Kunst bei den neuesten Büchern der Reihe nun ausschließlich auf die Illustration der von den Studierenden der Psychologie erarbeiteten Geschichten und die Gestaltung der Bücher konzentrieren. Ein derartiges Kinderbuchprojekt stellt grundsätzlich und im Besonderen für Studierende eine anspruchsvolle Herausforderung dar und setzt eine entsprechend hohe Motivation voraus. Ohne das zusätzliche und leidenschaftliche Engagement der Studierenden wäre die erfolgreiche Arbeit an jedem einzelnen Buchprojekt undenkbar. Zum einen müssen die Studierenden zu den Geschichten sensibel passende Bilder entwickeln und zum anderen diese mit dem Text in Buchform bis zur Publikationsreife gestalten und dabei im Einzelfall noch neue, digitale Techniken einüben und schließlich professionell anwenden.
Für die Umsetzung des Vorhabens, trotz der nicht leichten Themen anspruchsvolle, aber auch unterhaltsame und kindgerechte Bücher zu entwickeln, danken wir den beteiligten Studierenden. Für das abschließende Layout und den Satz danken wir Jannika Seybold und Ines Schaikowski.

Wir hoffen sehr, dass diese Bücher ihre helfende Wirkung auf Kinder und Eltern haben werden und wünschen den einzelnen Büchern wie der gesamten Reihe viel Erfolg!

Leonore Poth
Lehrbeauftragte für Kinderbuchgestaltung am
Institut für Bildende Kunst

Klaus Lomnitzer
Professor für Grafik und Malerei,
Geschäftsführender Direktor des Instituts
für Bildende Kunst

FB 09 Germanistik und Kunstwissenschaften
Philipps-Universität Marburg

Nachwort des Herausgebers des Bandes

Partnerschaftskonflikte und ihre Auswirkungen auf Kinder

Das Buch *Hörst du die Elephanten brüllen?* handelt vom Erleben elterlicher Paarkonflikte. Viele Kinder sind Zeugen von Spannungen und Streit zwischen ihren Eltern, sind anwesend, wenn die Eltern Konflikte austragen, hören sie durch die Wände hindurch sich anschreien oder ahnen, dass sie sich zanken, wenn sie in der Schule sind. Wie der kleinen Springmaus setzt dies vielen Kindern zu. Sie fühlen sich elend, haben Angst, dass sich die Eltern gegenseitig etwas antun oder dass sie sich trennen könnten, sind traurig, schämen sich oder machen sich Schuldgefühle, da sie denken, dass sich die Eltern ihretwegen streiten, weil sie nicht artig waren oder irgendetwas falsch gemacht haben. Oftmals leiden sie unter Bauchschmerzen, klagen über Kopfweh und Unwohlsein oder möchten nicht mehr zur Schule gehen, da sie befürchten, es könnte in ihrer Abwesenheit etwas Schlimmes passieren. Oftmals werden die Kinder aber auch aggressiv und verhaltensauffällig, wie das Elefantenkind im Buch, oder zeigen Unaufmerksamkeit im Unterricht, da sie mit ihren Gedanken woanders sind – beim letzten Streit der Eltern, der in ihnen nachhallt und sie nicht zur Ruhe kommen lässt.

Doch Streit ist nicht gleich Streit. Es gibt verschiedene Formen der Konfliktaustragung. Während die einen einfach nicht gleicher Meinung sind und sich dies gegenseitig vielleicht etwas gereizt und unwirsch kundtun, wie die Eltern der kleinen Springmaus, schreien sich andere Eltern laut und wild gestikulierend an, wie die Elefanteneltern. Wieder andere Paare schaukeln sich aggressiv auf, was zu einer Eskalation und in besonders schlimmen Fällen zu Gewalt führen kann, indem wilde Drohungen ausgestoßen werden oder Gegenstände durch den Raum fliegen, geschlagen und gestoßen wird. Andere wiederum tragen ihre Konflikte schwelend aus, ziehen sich beleidigt zurück, sprechen über Tage nicht miteinander und vergiften das Familienklima mit ihrem bedrückenden Schweigen, wie die Eltern des

kleinen Vogels Strauß im Buch. Oft werden Konflikte auch einfach unter den Teppich gekehrt, was ebenfalls problematisch ist, da sich Probleme meist nicht von selbst lösen. Es gibt immer Gründe für Konflikte, man kann nicht erwarten, dass es in einer Familie immer harmonisch zugeht. Doch wie das Ameisenpaar im Buch zeigt, kann man Konflikte auch versöhnlich austragen und gemeinsam an einer Lösung arbeiten, sich als Team verstehen und nicht als Gegner.

Wenn mal ab und zu gestritten wird, ist das ja nicht der Untergang der Welt. Streiten gehört dazu, Geschwister streiten und haben sich dennoch lieb, mit dem besten Freund oder der besten Freundin streitet man hin und wieder, deshalb geht die Freundschaft nicht gleich den Bach runter. Doch wenn fast nur noch wüst gestritten wird und die Eltern kaum mehr schöne und friedliche Zeit miteinander haben, dann wirkt sich das für Kinder besonders negativ aus. Oft müssen sie dann auch Aufgaben in der Familie übernehmen, wie das kleine Äffchen im Buch, das für seine Geschwister sorgen muss, was ja wirklich nicht seine Aufgabe wäre. Es möchte viel lieber spielen oder mit Freunden etwas Tolles erleben oder in Ruhe seine Hausaufgaben machen dürfen. Ja – lieber die Hausaufgaben machen, als den Streit der Eltern anhören und ihre Elternrolle übernehmen zu müssen.

Besonders schlimm für Kinder ist, wenn sie in den Streit der Eltern hineingeraten, Inhalt des Streits werden oder von den streitenden Eltern zur Stellungnahme für den einen oder anderen gezwungen werden. Dabei haben sie ja beide gleich lieb und möchten, dass sie sich einfach vertragen, wie die Eltern anderer Kinder, und wie man das von vernünftigen Erwachsenen eigentlich erwarten würde. Wie das kleine Zebra sind sie zerrissen zwischen den Fronten und fühlen sich hilflos und unglücklich. Da es den Kindern meist nicht gelingt, den Streit der Eltern zu schlichten, fühlen sie sich machtlos und ausgeliefert.

Das Buch *Hörst du die Elephanten brüllen?* zeigt an verschiedenen Beispielen (Springmaus, Elefantenkind, junger Strauß, Affenkind, Zebrakind, Ameisen) und mit schönen Bildern, wie Konflikte unterschiedlich ablaufen können, worauf es beim Streiten ankommt und wie sich die Kinder beim Streiten der Eltern fühlen, wenn diese zu keiner Lösung kommen, sich nicht versöhnen und entschuldigen können.

Mit einer klaren Botschaft und übersichtlichen Struktur hilft das Buch Kindern, ein besseres Verständnis für das Streiten der Eltern zu erlangen. Mit vielen Beispielen, Streitregeln und konkreten Tipps für eine positive Austragung von Konflikten, einer Veranschaulichung der Streitmuster und ihrer Folgen, der Gefühlslandschaft und Übungsunterlagen ist das Buch äußerst wertvoll, um Kindern aufzuzeigen, dass Konflikte zum Alltag dazugehören, dass man sie aber auch nutzen muss, um einen Gewinn daraus zu ziehen. Das Buch gibt zudem wertvolle Tipps für die Eltern und Kinder, wenn der Streit doch immer wieder mal aus dem Ruder läuft. In dem Fall sollten sich die Eltern nicht scheuen, professionelle Unterstützung hinzuzuziehen, sei dies in Form einer Paarberatung oder Paartherapie.

Ich wünsche Ihnen eine anregende Lektüre und viel Spaß beim Lesen!

Prof. Dr. Guy Bodenmann
Professor für Klinische Psychologie mit Schwerpunkt Kinder/Jugendliche und Paare/Familien

Im August 2019

Die Illustratorin

© Heiko Wehner

Joan Schaaf wurde 1995 in Ilmenau geboren. Schon in der ersten Klasse stellte ihre Lehrerin mit Nachdruck fest: „Joan kann nicht malen!" Damit war der Grundstein für ihren kreativen Ansporn gesetzt. Ihr Entfaltungsdrang wuchs von zahlreichen Entwürfen eigener Diddlmaus-Blätter zum Sammeln und Tauschen auf dem Schulhof über begeisterte Beteiligungen an diversen Kunst-AGs. Schließlich führte sie ihr Weg nach Marburg ans Institut für Bildende Kunst, wo sie sich ganz ihrer Faszination für Meeres- und Savannentiere widmet. *Hörst du die Elefanten brüllen?* ist ihr zweites Buch aus der Reihe *Psychologische Kinderbücher.*

Die Autor*innen

Alle vier Autor*innen studieren in Marburg Psychologie mit dem Schwerpunkt Kinder- und Jugendpsychologie und alle vier haben Eltern, die sich auch gerne mal streiten. Vor dem Hintergrund eigener Erfahrungen und im Studium erlernten fachlichen Wissens entstand ganz konfliktfrei – allenfalls in konstruktiven, den Ameisen getreuen Dialogen – das Buch über die kleine Springmaus.

Marie Frerich wurde 1993 in Detmold geboren und hat schon immer davon geträumt, einmal ein Buch zu schreiben. Ihr Lieblingstier ist die Giraffe. Mit ihrer beeindruckenden Größe kann die Giraffe alles überblicken – Feinde, Futterquellen, die eigene Herde – wichtig für das Überleben. Ebenso ist es im Streit wichtig, den Überblick zu bewahren, um nicht vom Wesentlichen abzukommen und sich in Kleinigkeiten zu verzetteln.

Johannes Hauck wurde 1995 in Erlangen geboren und mag besonders gerne Schildkröten, weil sie in ihrem entschleunigten Wesen Ruhe und Gelassenheit ausstrahlen. Gleichermaßen kommt es auch bei der Lösung von Konflikten nicht immer auf Schnelligkeit an – manchmal muss man sich und anderen einfach ein wenig Zeit geben.

Lea Klein-Reesink wurde 1994 in Mettingen geboren und war schon immer der Überzeugung, dass Elefanten keineswegs nur riesige Kolosse mit langem Rüssel sind, die alles umrennen, was ihnen in die Quere kommt. Von wegen! Der Elefant ist eigentlich ein Familientier und fordert durch seine Kraft und Stärke dazu auf, innere Standfestigkeit zu zeigen – einerseits zu eigenen Überzeugungen zu stehen, andererseits auch negative Gefühle wie Neid, Angst oder sogar Hass hinter sich zu lassen.

Leonie Zahn wurde 1994 in Heidelberg geboren und konnte sich schon immer für die kleinen, aber sehr starken Ameisen begeistern. Von ihnen hat sie gelernt, dass körperliche Größe nichts über die Kraft einer Person aussagen muss und dass man viel schaffen kann, wenn man gemeinsam anpackt.

Bibliografische Information der Deutschen Nationalbibliothek
Die Deutsche Nationalbibliothek verzeichnet diese Publikation in der Deutschen Nationalbibliografie; detaillierte bibliografische Daten sind im Internet über http://www.dnb.de abrufbar.

Anregungen und Zuschriften bitte an:
Hogrefe AG
Lektorat Psychologie
Länggass-Strasse 76
3012 Bern
Schweiz
Tel. +41 31 300 45 00
info@hogrefe.ch
www.hogrefe.ch

Lektorat: Dr. Susanne Lauri, Jan Westenfelder
Layout und Satz: Jannika Seybold und Ines Schaikowski
Herstellung: Daniel Berger
Druck und buchbinderische Verarbeitung: Finidr s. r. o., Český Těšín
Printed in Czech Republic

1. Auflage 2019

(E-Book-ISBN_PDF 978-3-456-96021-0)
ISBN 978-3-456-86021-3
http://doi.org/10.1024/86021-000

Weitere Titel der Reihe

Bartling / Buchner / Bendel / Grote / Kresse / Koy:
Alles anders bei Familie Biber – Eine Geschichte für Kinder, deren Eltern von Arbeitslosigkeit betroffen sind
2019. ISBN 978-3-456-86019-0

Maleki / Beham / Böning / Korfmacher / Stracke / Wangenheim:
Dunkle Farben im Wunderwald – Ein Buch für Kinder, deren Eltern psychisch erkrankt sind
2019. ISBN 978-3-456-86020-6

Meister / Hamacher / Weingarten:
Paul und der rote Luftballon – Ein Buch für Kinder, die mutig werden und neue Freunde finden
2018. ISBN 978-3-456-85909-5

Michel / Buschkamp / Drerup / Schramm:
Die kleine Eule Luna und wie sie lernte, mit ihrer Trennungsangst umzugehen
2018. ISBN 978-3-456-85896-8

Schaaf / Andersen / Roth / Salzmann:
In Gedanken ein Fuchs – Ein Buch für sozial ängstliche Kinder, die selber kleine Füchse sind
2018. ISBN 978-3-456-85899-9

Weißflog / Köcher / Ladkani / Ngono / Stöhr:
Zwei Zimmer für Cleo – Wenn Eltern sich trennen und wie es danach weitergeht
2019. ISBN 978-3-456-86022-0

Weißflog / Ortmüller / Wende:
Opas Stern – Ein Trost- und Erklärbuch für Kinder und ihre Eltern
2018. ISBN 978-3-456-85906-4

Zais / Michalak / Rumpf / Schulte:
Zappel-Zirkus Zacharias – Ein Buch für zappelige Zirkuskinder mit ADHS, ihre Zirkusfamilien, Freunde und Zirkusdompteure
2018. ISBN 978-3-456-85918-7

Themen in Vorbereitung

Depression
Oppositionelles Trotzverhalten
Störung des Sozialverhaltens
Was sind psychische Störungen? /
Was ist Psychotherapie / Psychiatrie?